O texto bíblico:
um tesouro
a ser descoberto

Franco Ardusso

O texto bíblico: um tesouro a ser descoberto

"Compreendes o que lês?" (At 8,30)

Dados Internacionais de Catalogação na Publicação (CIP)
(Câmara Brasileira do Livro, SP, Brasil)

Ardusso, Franco
   O texto bíblico : um tesouro a ser descoberto / Franco Ardusso ; [tradução Alda da Anunciação Machado]. – São Paulo : Paulinas, 2002. – (Coleção Animadores de pastoral juvenil e vocacional)

   Título original: Comprendi ciò che leggi?
   ISBN 85-356-0865-6

   1. Bíblia – Leitura 2. Bíblia – Meditações 3. Palavra de Deus (Teologia) I. Título. II. Série.

02-6053   CDD-220.6

Índices para catálogo sistemático:
   1. Bíblia : Leitura   220.6
   2. Bíblia : Meditações   220.6

Título original da obra: *COMPRENDI CIÒ CHE LEGGI?* —
Guida alla lettura e alla meditazione del testo biblico
© Paoline Editoriale Libri — Figlie di San Paolo, 1999.
Via Francesco Albani, 21 – 20149 Milano

Citações bíblicas: *Bíblia de Jerusalém, São Paulo, Paulus, 1985*
Direção geral: *Flávia Reginatto*
Editora responsável: *Noemi Dariva*
Tradução: *Alda da Anunciação Machado*
Copidesque: *Rosa Maria Aires da Cunha*
Coordenação de revisão: *Andréia Schweitzer*
Revisão: *Ana Cecilia Mari*
Direção de arte: *Irma Cipriani*
Gerente de produção: *Felicio Calegaro Neto*
Capa: *Cristina Nogueira da Silva*
Editoração eletrônica: *Andrea Lourenço*

Nenhuma parte desta obra poderá ser reproduzida ou transmitida por qualquer forma e/ou quaisquer meios (eletrônico ou mecânico, incluindo fotocópia e gravação) ou arquivada em qualquer sistema ou banco de dados sem permissão escrita da Editora. Direitos reservados.

Paulinas
Rua Pedro de Toledo, 164
04039-000 – São Paulo – SP (Brasil)
Tel.: (11) 5085-5199 – Fax: (11) 5085-5198
http://www.paulinas.org.br – editora@paulinas.org.br
Telemarketing e SAC: 0800-7010081
© Pia Sociedade Filhas de São Paulo – São Paulo, 2002

APRESENTAÇÃO

O texto desta publicação nasceu em forma de curso ministrado aos agentes de pastoral da Diocese de Turim (1998). Com oportunas correções, alterações e complementos, é agora oferecido a um público mais amplo, com a firme convicção de que "tudo o que se escreveu no passado é para nosso ensinamento que foi escrito, a fim de que, pela perseverança e pela consolação que nos proporcionam as Escrituras, tenhamos a esperança" (Rm 15,4).

Por uma teologia
da Palavra de Deus

Não se nasce com fé, mas adquire-se

Os seguidores de Jesus são, ou melhor dizendo, deveriam ser, antes de tudo, "pessoas que crêem".

"Eu creio", "nós cremos" constitui a afirmação fundamental do discípulo de Jesus, sua primeira e última palavra.

Não nascemos pessoas de fé, mas nos tornamos assim, pois que a fé não é inata em nós, como a razão, a consciência, o sentimento, os afetos. Nenhum cristão inventa sua própria fé! Nós nos tornamos pessoas que crêem em virtude de um chamado, de um apelo que chega a nós, o qual, todavia, não provém de nós.

Faz-se obrigatória a referência a um célebre texto de são Paulo: "[...] a fé vem da pregação" (Rm 10,17). A fé é "obediência": etimologicamente, significa submeter-se ao que se ouviu (*ob-audire, upakoés*). Eis por que a obediência (entendendo-se como prestada a Deus, ao Evangelho) é o procedimento mais importante na vida cristã.

A pessoa se torna "alguém que crê" porque ouviu *uma palavra*, a qual, de um modo ou de outro, indica sempre Jesus Cristo, Palavra de Deus que se fez carne (cf. Jo 1,14).

Ele, somente ele, é a palavra que salva. A palavra falada e a palavra escrita são sinais/instrumentos que reenviam a ele. O conceito de "Palavra de Deus" é analógico, indica três realidades que têm muito em comum, mas não se equivalem, em absoluto.

Três formas de existência da Palavra

De acordo com a fé e a tradição cristã, a Palavra de Deus se realiza sob três formas de existência distintas, ainda que estreitamente ligadas entre si:

- há, em primeiro lugar, a *Palavra de Deus que se fez carne* em Jesus (toda a sua vida, morte, ressurreição; cf. *Dei Verbum*, n. 4);

- há a *palavra falada-pronunciada* pelos profetas, pelos apóstolos, pelas pessoas de fé de todos os tempos e lugares: "Por esta razão é que sem cessar agradecemos a Deus por terdes acolhido a sua Palavra, que vos pregamos não como palavra humana, mas como na verdade é: *Palavra de Deus* que está produzindo efeito em vós, os fiéis" (1Ts 2,13);

- há, além disso, a *palavra escrita* nos livros da Bíblia canônica e inspirada: é a Palavra que se tornou Escritura para ser lida e ouvida nas comunidades dos fiéis, a Igreja.

Judeus e cristãos partilham em muitos casos a palavra *escrita* e a palavra *falada*, ao passo que divergem quanto à palavra *encarnada*.

Judeus e cristãos partilham também a convicção de que a Palavra de Deus é, antes de tudo, a palavra viva, dita por Deus por meio de seus mensageiros, uma palavra que suscita história e a interpreta como história de aliança, uma palavra que é instauradora de uma relação (primado da oralidade e do evento da Palavra).

Judeus e cristãos acreditam que a presença e a ação de Deus estejam por ele vinculadas a uma das realidades mais precárias e efêmeras que existem sobre a terra, ou seja, precisamente à palavra.

Realidade precária, porém dotada de grande poder (cf. as ciências da linguagem, psicologia e psicanálise: "Quem pronuncia palavras, coloca potências em movimento", afirma Gerardus Van der Leeuw).

Judeus e cristãos são de opinião que a palavra constitui o meio de comunicação entre os homens, do qual Deus também se serve para relacionar-se: Deus utiliza a palavra humana para comunicar sua própria Palavra, que, portanto, se configura como *Palavra de Deus em forma humana*.

Para os cristãos, a encarnação é a mais decisiva e intensa configuração humana da Palavra de Deus: "E o Verbo se fez carne" (Jo 1,14). A fragilidade, a fraqueza da palavra humana, de uma existência humana, torna-se o veículo da *verdade* que salva, do *amor* que dá a vida.

Em um segundo momento, a Palavra humana de Deus ("ações e palavras intimamente relacionadas entre si", *Dei Verbum*, 2) foi colocada por escrito, tornou-se texto, livro, escritura.

O documento da Pontifícia Comissão Bíblica, *A interpretação da Bíblia na Igreja* (Paulinas, 1994), fala de "revelação atestada na Bíblia". *Atestada* porque a Palavra reveladora de Deus assume a forma de um *texto escrito*, o qual atesta a

Palavra originária de Deus. O texto das Escrituras não se identifica, portanto, de maneira simplista com a Palavra de Deus constituída pelo evento revelador, o qual para os cristãos é o próprio Cristo, enquanto Palavra que se fez carne. Não se requer, pois, que a Sagrada Escritura seja de todo equiparada à Palavra de Deus (revelação), a não ser que se estabeleçam acuradas distinções. Por essa razão, alguns estudiosos contemporâneos designam a Sagrada Escritura como:

- "expressão testemunhal da fé que reflete sobre a revelação" (Roberto Vignolo);
- "instrumento da Palavra de Deus", "o instrumento da Revelação" (Ignace De La Potterie);
- a Sagrada Escritura "registra" e "interpreta" Deus no ato de se comunicar mediante seu Verbo (Hans U. von Balthasar).

Porque inspiradas por analogia, as Escrituras podem ser denominadas "Palavra de Deus" (cf. *Dei Verbum*, 24: "As Sagradas Escrituras contêm as palavras de Deus e, pelo fato de serem inspiradas, são verdadeiramente Palavra de Deus"). São "Palavras de Deus" não tanto como texto fixado de uma vez por todas pela Escritura, mas enquanto lidas e proclamadas no interior da comunidade dos fiéis, no seio da qual surgiram e à qual são dirigidas.

Fé, Palavra, alteridade

O discípulo de Jesus, em sua fé (ele deve ser, antes de tudo, uma pessoa que crê), não é confiado a si mesmo, baseado num solipsismo ou narcisismo. Ele não está sozinho consigo mesmo, mas posto diante de uma *alteridade*, exatamente porque chamado a entrar em uma relação. E esta é uma convivência profunda com o outro, que permanece o outro, e não se confunde comigo. A relação não é fusão. A fusão é o fim da relação.

Na fé, nós somos confiados:

- à alteridade do *Deus de Jesus Cristo*: é ele quem salva, vindo a nosso encontro com seu amor;
- à alteridade de *sua Palavra*, que ressoa no povo da antiga e da nova aliança;
- à alteridade do *texto escrito*, a Palavra de Deus "atestada e inspirada": "Agora, pois, recomendo-vos a Deus e à palavra de sua graça, que tem o poder de edificar e de

vos dar a herança entre todos os santificados" (At 20,32).

Convém deixar claro, desde o início, que:

- quem salva é Deus, é Cristo, é o Espírito Santo;
- Deus age servindo-se de três mediações e instrumentos principais que, segundo a perspectiva católica, não são senão prolongamentos e evidências da humanidade de Cristo: a *Palavra* (em todas as suas diversas expressões, especialmente a bíblica), que gera e alimenta a fé; os *sacramentos*, que são precisamente *sacramenta fidei*; a orientação dos *pastores*.

É oportuno insistir no fato de que aquele que diz "fé cristã" diz *alteridade* — e não fusão, segundo algumas religiões orientais. Se não há alteridade, não pode haver salvação, mas tão-somente auto-redenção. As Sagradas Escrituras são um instrumento da alteridade, da objetividade, do *extra-nos* da salvação: estão presentes para pedir-nos atenção, obediência, discernimento; estão presentes para indicar-nos os caminhos de Deus, que nem sempre coincidem com nossos caminhos, com nossos projetos, com nossos hábitos e indolência; estão presentes para restaurar nossa espiritualidade, atestando-nos que Deus não é em primeiro lugar o valor infinito, objeto do constitutivo desejo humano de unidade, porém, aquele que busca o homem por uma iniciativa livre, gratuita, amorosa e perdoadora. Deus é "a pura liberdade que quer doar, senão sem outra razão a não ser aquela imanente ao dom" (Armido Rizzi).

As Escrituras são, pois, consideradas sinal e instrumento de uma alteridade salvífica: enquanto exigem de nós um esforço de atenção/concentração, elas nos descentralizam e nos endereçam a Cristo. Nisso assemelham-se a João Batista. E precisamente enquanto sinal e instrumento de alteridade, as Escrituras podem constituir um poderoso antídoto contra a religiosidade vaga, com traços de caráter imanente e por vezes panteísta (unidade-fusão de homem, Deus, cosmo) que goza boa fama em nossos dias. Antídoto também contra uma recorrente psicologização da fé, que substituiu a já iniciada sociologização da fé.

Até mesmo os fiéis, como muitos de nossos contemporâneos, são tentados a refugiar-se no íntimo, na pequena cabotagem, na esfera dos sentimentos inócuos, no "vai aonde o leva o coração", onde não há mais confronto algum a não ser com eles mesmos.

Considero muito adequado, justamente com referência ao nosso tema, um apontamento de Enzo Bianchi, o qual, dirigindo-se aos jovens, afirma:

> Pensem, aprendam a pensar, mas não reduzam o itinerário cristão a um momento narcisista de introspecção psicológica ou de melhoria de algum aspecto de seu caráter. Desconfiem daqueles "mestres espirituais" que reduzem o cristianismo ao trajeto psicológico que tem como centro e fim não o Cristo ressuscitado, não o Senhor que vive, mas o próprio "eu" do homem e sua pacificação. Assim o cristianismo fica reduzido a um mito de salvação muitíssimo pagão, de tal modo que a salvação perde o fascínio e o risco do encontro personalíssimo com Jesus, *o Senhor* (cf. Jo 21,7), e de fé, que abre ao Outro e aos outros, transforma-se em complicada técnica de meditação centrada no 'eu' do sujeito e a ele finalizada.[1]

---

[1] BIANCHI, E. "E voi, giovani, che dite che io sia?" *Rivista del clero italiano*, 75, n. 4, p. 250, 1994. Vejam-se também, relativamente ao assunto, as observações de Dietrich Bonhoeffer sobre a comunhão "espiritual" e sobre a comunidade "psíquica", e de modo particular o que ele afirma a propósito da busca do que é imediato e da completa fusão na comunidade psíquica, em que não se respeita nem a alteridade do outro nem a de Deus (cf. D. Bonhoeffer, *La vita comune*. Brescia, 1969. pp. 59-63 e, em especial, pp. 61ss).

A Palavra se torna livro

A Palavra de Deus está ancorada, graças ao Espírito, no livro das Escrituras. Entretanto, as Escrituras não têm como finalidade primeira ou essencial serem colocadas numa biblioteca. A Bíblia foi escrita para ser lida, proclamada, acolhida pelos indivíduos e principalmente pela comunidade dos fiéis, a Igreja, sobretudo quando esta celebra as obras cumpridas por Deus em Cristo por nossa salvação. Há uma espécie de movimento circular: a Palavra *falada-ouvida-vista* torna-se *Escritura-texto*, e a *Escritura* torna-se outra vez Palavra a ser ouvida e acolhida aqui e hoje. O evento da Revelação, que as Escrituras atestam enquanto documento histórico-literário, quer de algum modo reproduzir-se toda vez que a Escritura é lida e ouvida, gerando pessoas que crêem (*fides ex auditu*).

Todo texto literário visa a comunicar, comprometer o leitor/ouvinte, interpelá-lo, suscitar algo nele. É preciso que se observe bem isso e, eventualmente, sejam corrigidas algumas distorções: um texto não visa somente a oferecer informações ou a ensinar doutrinas. Se assim fosse, deveríamos jogar fora muitos textos literários, a começar pela poesia. E a metade do Antigo Testamento é composta de poesia!

Um texto literário — e especialmente alguns —, atua para que, diante dele (que é a alteridade), o leitor se compreenda. Paul Ricoeur escreveu:

> [...] nós não nos compreendemos senão através dos sinais de humanidade depositados nas obras de cultura [...]. Compreender significa, portanto, *compreender-se diante de um texto*. Não impor desde logo ao texto a própria capacidade limitada de compreender, mas sim expor-se ao texto e receber a si mesmo, a partir dele, em dimensão mais ampla. [...] Como leitor, não me encontro senão perdendo-me [...]. A compreensão é, simultaneamente, desapropriação e apropriação.

Todo leitor/ouvinte está de algum modo comprometido com as implicações de um texto, tanto mais quando o texto é precisamente o das Escrituras. Isso exige uma aproximação do texto que respeite e acolha o que ele diz, sem perder de vista que a Bíblia, segundo afirma Ricoeur, é um texto "polissêmico", ou seja, dotado de uma pluralidade de sentidos. Com efeito, uma coisa é o achegar-se a um texto histórico, outra é fazê-lo com relação a um texto legislativo, ou ainda a um texto poético, a um texto de oração.

Limito-me a expor um só exemplo. A Bíblia contém também o livro dos Salmos. Pois bem, tem-se como certo que os salmos foram cantados e nasceram em função da música. Isso indica que, provavelmente, somente no canto podemos descobrir seu significado profundo. A esse propósito, Roberto Vignolo escreveu:

> Dado que certamente foram cantados antes de serem escritos, muito pouco nos dirão os Salmos, enquanto não retornarem a nossos lábios com a linguagem do canto ou, no mínimo, com a energia da voz sabiamente aplicada. A voz é corpo [...]. E o corpo é linguagem: requer modulação adequada. Ignorada ou reprimida, a voz se vingará às expensas da alma avarenta e insipiente em exprimi-la. Em uma palavra, ponhamo-nos à prova. E desfrutaremos de uma visita mais benévola da Palavra, que permanece de maneira mais feliz na carne vivificada com inteligência do que naquela que se extinguiu preguiçosamente. Como vantagem, teremos uma consciência mais feliz de que Cristo e o Espírito rezam deveras em nós.[2]

---

[2] VIGNOLO, R. *Sillabe preziose*. Milano, 1977. pp. 14ss. Reporto-me também a um artigo do mesmo autor: Metodi, ermeneutica, statuto del testo biblico, In: Vv.AA., *La Rivelazione attestata*. Milano, 1998. pp. 29-97.

A Escritura atesta os eventos histórico-salvíficos que a geraram e está destinada, por sua vez, a produzir história de salvação aqui-e-agora naqueles que a lêem e a escutam. Em última análise, a Escritura visa a estabelecer uma relação entre o leitor/ouvinte e o evento de Jesus de Nazaré, graças à secreta, porém real, presença do Espírito do Ressuscitado (cf. *Dei Verbum*, n. 12):

> Mas, como a Sagrada Escritura deve ser lida e interpretada com o mesmo Espírito com que foi escrita, não menos atenção se deve dar, na investigação do reto sentido dos textos sagrados, ao conteúdo e à unidade de toda a Escritura, tendo em conta a Tradição viva de toda a Igreja e a analogia da fé.

As Escrituras não são apenas um fenômeno literário, mas um evento do Espírito: é o Espírito que guia toda a seqüência do texto e é o Espírito que deve ser invocado (*epíclesi*) em vista de uma correta leitura e de uma escuta adequada.

O TEXTO BÍBLICO:
UM TESOURO A SER DESCOBERTO

Como se aproximar do texto bíblico

Há várias maneiras de se aproximar das Escrituras; todas elas se resumem em duas:

1. Aproximar-se dela como de um documento histórico-literário qualquer, com uma aproximação puramente cultural, utilizando-se de métodos e técnicas diversas.

2. Aproximar-se dela para encontrar uma Pessoa, o Senhor: "Vós perscrutais as Escrituras, porque julgais ter nelas a vida eterna; ora, são elas que dão testemunho de mim" (Jo 5,39).

Ambos os modos de se aproximar das Escrituras não se excluem, mas se incluem. O segundo modo é a finalização do primeiro.

Enumero, a seguir, as condições requeridas para uma aproximação séria e fecunda do texto das Escrituras:

a) Faz-se necessária, antes de tudo, uma *boa exegese* do texto bíblico. "Exegese" significa "extrair" do texto o seu significado. E isso implica a necessidade de algumas advertências:

- não é preciso secundar o mito do imediato (leio = compreendo);
- mas não basta tampouco uma aproximação científica que trate os textos bíblicos como puro objeto de estudo, petrificando-os em um estado inofensivo, sem desafios e sem fascínios.[3]

Trata-se de encontrar um justo equilíbrio entre exegese filológico-crítico-histórica e interpretação existencial-atual-espiritual, evitando-se, porém, contrapor *estudo científico* (autêntico, e não a erudição pela erudição!) e *espiritualidade*:

---

[3] Refiro-me a uma sugestiva página de Georges Bermanos, em que o pároco de Torcy diz ao jovem pároco do campo: "Ensinar, meu pequeno, não é uma tarefa agradável!... Antes, a verdade liberta, e depois... a Palavra de Deus consola! É um ferro incandescente. E você, que a ensina, quereria agarrá-la com a pinça, com medo de queimar-se? Não a empunharia a mãos-cheias? Um padre que desce da cátedra da verdade, um pouco aborrecido, mas contente, não pregou; em última hipótese, ronronou... Quando o Senhor tira de mim, por acaso, uma palavra útil às pessoas, eu aspiro simplesmente a percebê-la pelo mal que me faz" (Bernanos, G. *Diario di un curato di campagna.* Milano, 1995. pp. 46-47).

> Não podemos esquecer que a Bíblia é humana como todos os outros escritos, porém, divina como nenhum outro. A seriedade com que é preciso aproximar-se desse texto deve, pois, estar desprovida de toda forma de leviandade ou diletantismo: atenta aos gêneros literários, ao fato lingüístico, filológico, estrutural, histórico etc. Mas não somente a isso.[4]

Há que reconhecê-lo: ocupamo-nos, não raro, com uma exegese científica, acadêmica, erudita, e todavia estéril! Por outro lado, são notórias as críticas de unilateralidade dirigidas ao método histórico-crítico, da parte de ilustres estudiosos contemporâneos, tais como François Dreyfus, Ignace De La Potterie, Joseph Ratzinger, Giuseppe Dossetti, Umberto Neri.

Tal método permanece indispensável, mas é relativizado mediante outros métodos e aproximações, os quais, por sua vez, deveriam ajudar-nos a descobrir o significado profundo da Palavra, ou seja, Cristo, favorecendo o encontro com ele. A propósito, Mauro Morfino diz muito bem:

---

[4] MORFINO, M. M. *Leggere la Bibbia con la vita*. Magnano (VC), 1990. pp. 14ss.

Assim sendo, ler a Palavra nos textos originais, analisá-la, catalogá-la e esquematizá-la; submetê-la ao mais sofisticado teste temático-crítico-literário; filtrá-la segundo a mais rigorosa ciência filológica; compô-la em perfeito quadrado semiótico; fazer quiasmas com ela, riscá-la, datá-la, recompô-la em prováveis "textos críticos", comentá-la e publicá-la [...] resulta em um trabalho indispensável e prévio, suporte válido, mas para passá-la à ação, para torná-la transparência da Palavra há tanto tempo aproximada.[5]

Não obstante todos os limites de toda metodologia crítica, devemos ter a humildade de servir-nos dela para perscrutar o texto, para lê-lo e relê-lo com todos os recursos de que dispomos, para não cairmos no risco de armadilhas: fazer dizer ao texto o que se quer, usando-o como um objeto e reduzindo-o a teste de futuro. Respeitar a alteridade do texto e todas as suas particularidades comporta às vezes uma árdua luta com o próprio texto.

A esse respeito, France Quéré, teóloga e estudiosa da Bíblia, afirma:

---

[5] Idem, Ibidem, p. 18.

> Vejo uma semelhança entre a letra do Evangelho e o pão da eucaristia: uma partícula contém o corpo inteiro. É preciso, pois, aproximar-se da leitura com a confiança que dava à cananéia a certeza de que uma migalha a teria saciado. O sentido é liberado para aquele que o procura, e é inexaurível.[6]

O texto transmite uma *objetividade* que é acolhida, compreendida, respeitada. Isso pode ser assaz árido, fatigante, pouco consolador. E então, pode ser sedutora a tentação de tomar os atalhos, abandonando-se a leituras fundamentalistas, espiritualistas, subjetivistas, selvagens e até sedutoras. É o mito do imediato, que desdenha as mediações culturais.

O fundamentalismo é "uma forma de suicídio do pensamento" (cf. *A interpretação da Bíblia na Igreja*, p. 86). Hilário de Poitiers afirmava: *Scriptura non est in legendo, sed in intelligendo* [A Escritura não consiste no ler, mas no compreender].[7]

---

[6] Quéré, F. *Maria*. Cinisello Balsamo (MI), 1998. p. 20.
[7] Cf. Florovskij, G., *Cristo, lo Spirito, la Chiesa*. Magnano (VC), 1997. p. 83.

Uma boa exegese abre-se à *leitura existencial, espiritual ou atualizadora*.

b) Podemos descrever a *leitura existencial, espiritual ou atualizadora* do seguinte modo:

> é um deixar-se interrogar pela Palavra na própria situação concreta de vida, evitando colocar-se em atitude inquisitória em seus confrontos, antepondo uma correta leitura exegética do texto sagrado para compreender o que os autores pretendiam dizer (ainda que, por sua natureza, o texto inspirado sempre diga muito mais do que o próprio autor humano pretende dizer), evitando toda extrapolação indevida, isto é, inserindo a interpretação pessoal no mais amplo horizonte da *historia salutis*, submetendo a interpretação a que se chegou à verificação da comunidade eclesial, em um confronto dinâmico e crítico com a tradição vivente da Igreja e dos irmãos de fé.[8]

A esse respeito, veja-se a tradição de sabedoria depositada:

- na tradição hebraica: "a Bíblia tem setenta faces";[9]

---

[8] Morfino, *Leggere la Bibbia...*, cit., p. 29.
[9] Idem, p. 33.

- na Igreja patrística: o recurso à alegoria para fazer emergir, às vezes um pouco artificiosamente, as múltiplas solicitações e indicações do texto bíblico, com o intuito de viver e fazer viver a mensagem bíblica (escutar para viver: doutrina dos quatro sentidos);
- no uso das Escrituras na liturgia cristã.

Com relação aos Padres, entretanto, é também sabido que "o tipo de abordagem deles dá apenas uma pequena atenção ao desenvolvimento histórico da Revelação" (*A interpretação da Bíblia na Igreja*, p. 117); além disso, "sentem-se autorizados a tomar uma frase fora de seu contexto para reconhecer nela uma verdade revelada por Deus" (id.), perpetrando assim extrapolações indevidas. A excessiva acentuação da alegoria levou a concentrar a atenção sobre Cristo, comportando certa subavaliação do que o precede, quase como se fora apenas *umbra futuri* ("sombra daquilo que devia vir"). Por outro lado, é preciso ter presente que o amor de Deus é o horizonte de toda a Revelação bíblica.[10]

---

[10] Cf. as excelentes observações de A. Rizzi. *Dio in cerca dell'uomo*. Cinisello Balsamo (MI), 1987. pp. 32-55.

O documento da Pontifícia Comissão Bíblica citado, *A interpretação da Bíblia na Igreja*, ao interrogar-se sobre os "sentidos da Escritura" (pp. 90-110), reforça o que segue:

- a exegese antiga atribuía a todo texto diferentes níveis de significado sobre a base da distinção entre sentido *literal* e sentido *espiritual* (abrangendo três aspectos: a verdade revelada [alegoria], o comportamento a seguir [moral], o cumprimento final [anagogia]);

- a moderna exegese histórico-crítica reagiu a essa exuberância de significados, sustentando que um texto não podia ter ao mesmo tempo diversos significados, e sim um único significado preciso em relação às circunstâncias nas quais foi escrito;

- hoje, porém, quer as ciências da linguagem, quer as hermenêuticas filosóficas falam da "polissemia" (= pluralidade de sentidos) de um texto escrito, a qual se efetua de modos diversos, de conformidade com os gêneros dos textos (narrações históricas, parábolas, oráculos proféticos, leis, provérbios, orações, hinos etc.).

É indispensável procurar definir antes de tudo o *sentido literal*, isto é, "o significado preciso dos textos tal como foram compostos por seus autores". O sentido literal não é, porém, o literalismo dos fundamentalistas. Trata-se do que é "expresso diretamente pelos autores humanos inspirados", e que é estabelecido "graças a uma análise precisa do texto, situado em seu contexto literário e histórico". A tarefa principal da exegese é definir o sentido literal (que é também o sentido entendido pelo autor principal, Deus).

O sentido literal de um texto é *único*? Em geral, sim, mas não se trata de um princípio absoluto, porque: a) o autor humano pode referir-se ao mesmo tempo a mais níveis de realidade (por exemplo: a poesia; o quarto Evangelho); b) a inspiração divina pode guiar a expressão de maneira a produzir uma ambivalência; c) muitos textos bíblicos têm um aspecto dinâmico (por exemplo, os salmos reais = o rei histórico e a figura ideal do rei); d) um texto escrito, colocado em novas situações que o iluminam de maneiras diferentes, obtém novas determinações de significado ("releituras" em contextos novos).

> A exegese histórico-crítica "teve muitas vezes a tendência de fixar o sentido dos textos, ligando-o exclusivamente a circunstâncias históricas precisas. Ela deve antes de tudo procurar determinar a direção do pensamento expresso pelo texto",

sem, todavia, abrir as portas a um "subjetivismo incontrolável".

O acontecimento pascal de Jesus determinou um contexto histórico radicalmente novo "que ilumina de maneira nova os textos antigos e os faz mudar de sentido". Isso faz superar uma noção "historicista" do sentido literal e a passagem à consideração do aspecto dinâmico dos textos.

Isso permite falar em "sentido espiritual", descrito, em termos genéricos, como "o sentido expresso pelos textos bíblicos, logo que são lidos sob a influência do Espírito Santo no contexto do mistério pascal do Cristo e da vida nova que resulta dele". "À luz da Páscoa de Cristo, os autores do Novo Testamento releram o Antigo. O Espírito Santo fê-los descobrir nele o sentido espiritual" (*A interpretação da Bíblia na Igreja*, pp. 98-100, com os exemplos aduzidos).

O sentido espiritual coincide, por vezes, com o literal. Isso se verifica quando um texto bíblico "se refere diretamente ao mistério pascal de Cristo ou à vida nova que resulta dele". É o que ocorre comumente no Novo Testamento. Fala-se, portanto, em sentido espiritual principalmente quanto ao Antigo Testamento. Quando os dois sentidos são distintos, o sentido espiritual não pode jamais ser privado das relações com o sentido literal, que continua sendo sua base indispensável; de outro modo, já não se poderia falar em "cumprimento" da Escritura (continuidade + passagem a um nível superior).

Em todo caso, "o sentido espiritual não pode ser confundido com as interpretações subjetivas ditadas pela imaginação ou especulação intelectual". Para uma leitura espiritual adequada, é preciso estabelecer a relação de três níveis de realidade entre si: o texto bíblico, o mistério pascal com sua inexaurível fecundidade, as circunstâncias presentes de vida no Espírito.

Um dos aspectos possíveis do sentido espiritual é o aspecto "tipológico". O "sentido pleno" pode ser considerado outro modo de designar o sentido espiritual, quando este último se distingue do sentido literal (o autor humano exprime com suas palavras uma verdade cuja profundidade ele não percebe por completo).

Todo texto é um texto a ser interpretado

As pesquisas filológicas, históricas, literárias e outras nos oferecem alguns dados. Estes, porém, devem ser interpretados mediante a busca de seu significado. A hermenêutica é exatamente a busca do sentido dos textos. Trata-se de decifrar o sentido, de compreendê-lo, de descobrir, através do texto, o projeto de existência nele contido.

No caso das Escrituras, perscrutando a linguagem humana dos textos, a hermenêutica pretende decifrar a linguagem divina: "A finalidade do trabalho deles [dos exegetas, *ndr*] só é atingida quando tiverem esclarecido o sentido do texto bíblico como Palavra atual de Deus" (*A interpretação da Bíblia na Igreja*, pp. 125-126). Somos convidados a isso por muitas passagens das Escrituras, como, por exemplo, pelas seguintes:

- "Compreendes o que lês?" (At 8,30), pergunta Filipe ao funcionário da rainha Candace.
- "As palavras que vos disse são espírito e vida" (Jo 6,63), afirma Jesus.

Para uma correta interpretação das Escrituras, tenha-se presente, entre outras coisas, que:

1. Toda interpretação supõe sempre uma *pré-compreensão*. Não nos aproximamos jamais de um texto com o cérebro vazio, como se fôssemos uma *tabula rasa*. A pré-compreensão, como diz a Pontifícia Comissão Bíblica, "é fundamentada na relação vital do intérprete com a coisa da qual fala o texto" (p. 88).

A pré-compreensão das Escrituras é a fé que as reconhece como instrumentos da Palavra de Deus: a Escritura, através de suas páginas, para dizê-lo com são Gregório Magno, *dum narrat textum, prodit mysterium* (*Moralia in Job*, 20,1): narrando, patenteia o mistério de Deus, de Cristo, da Igreja, de nosso destino, da aliança e assim por diante.

A leitura das Escrituras na fé, vale dizer, no Espírito, não tem outro efeito senão inculcar a história de Jesus, especialmente o fato de sua morte e ressurreição, qual *história* que determina toda a história humana, qual *verdade* absoluta, qual revelação de um amor *salvífico* oferecido a toda a humanidade. Trata-se, pois, de partir de Jesus, sobretudo de sua Páscoa, para compreender, a partir dela, toda a trajetória humana e o sentido integral das Escrituras (cf. Lc 24).

2. A finalidade de todas as pesquisas sobre as Escrituras na perspectiva da fé visa a transmitir seu conteúdo de modo fiel e atual, para que elas se tornem alimento da fé, da esperança e da caridade, favorecendo o crescimento espiritual dos indivíduos que crêem e da comunidade eclesial.

Concretamente, trata-se de se deixar plasmar pela Palavra. Com referência aos Salmos, porém aplicável a todas as Escrituras, considero muito apropriado o que escreveu Roberto Vignolo:

Plasmar, converter significa nada mais do que *transformar e reunificar*. Ou, no mínimo, arremessar-se em um único impulso filial — na busca inquieta e, ao mesmo tempo, apaziguada —, rumo à reunificação dos inumeráveis fragmentos e tempos dispersos da vida em torno do nome de Deus, invocável sempre e em toda parte, na desolação e na consolação, no assombro da salvação antecipada e na angústia daquela inexplicavelmente retardada. Com outras palavras: os Salmos são o testemunho "de noite em noite, dia após dia", exposto à tentação de adequar-se ao paganismo mais vulgar, arrancado desta inércia do poder de atração do nome de Deus, aquele nome que se deu a conhecer, que se tornou invocável e, como tal, próximo a nós, ao menos na promessa (cf. Dt 4,7; Mt 28,20) [...] Reunificar, vertical e horizontalmente, hoje, como jamais foi antes, é uma tarefa árdua. Todavia, o que recebemos da cultura em seu todo, que nos fez crescer (para não falar da contemporânea), infelizmente dividido, encontramos, por outro lado, *originariamente unido* nos Salmos (texto/acontecimento, ao mesmo tempo lírico e teologal). Isso já percebemos em sua linguagem, visto serem os Salmos, *ao mesmo tempo e indissoluvelmente, canto, poesia, oração.*[11]

---

[11] Vignolo, *Sillabe preziose...*, cit., pp. 12ss.

Conselhos práticos para a leitura/meditação das Escrituras

Espero que os conselhos aqui oferecidos e apresentados a seguir sejam também praticáveis. Todavia, a viabilidade depende muitas vezes de certo treinamento, trabalho, luta, de um método ou *ascese*.[12]

Perguntaram recentemente ao grande exegeta Alonso Schökel o que aconselhava aos agentes de pastoral, com base em sua vasta experiência. Eis sua resposta:

> A todos os agentes de pastoral, ou equipes já suficientemente encaminhadas, recomendo a meditação. É necessário não somente ouvir e ler a Palavra de Deus, mas principalmente meditá-la, para que se encarne verdadeiramente neles. Isso é deveras fundamental, porque não basta ler a Palavra ou os comentários; há necessidade de

---

[12] Cf. BIANCHI, E. *È necessaria l'ascesi cristiana?* Magnano (VC), 1997.

aprofundá-la, através da meditação, da oração e da contemplação. Observe-se que muitos dos textos que publiquei têm esta finalidade: livros de estudo e de meditação [...]. Todavia, antes de mais nada, esse trabalho deve ser pessoal, pois que de nada adianta ler livros de meditação, se a pessoa não meditar. [...] Assim reza o Salmo: "Provai e vede" (Sl 34[33],9), e provar não consiste apenas em saber que um prato é gostoso, mas sim em saboreá-lo verdadeiramente.[13]

Há uma leitura das Escrituras mais diretamente pessoal (*meditação*) e uma leitura mais diretamente eclesial (*litúrgica*), ambas necessárias. A propósito desses dois tipos de leitura, Dietrich Bonhoeffer afirmou coisas interessantes.[14]

Experimento concretizar as sugestões, valendo-me da estrutura elaborada por um monge (anônimo) da Igreja do Ocidente, o qual, de maneira gradativa, fala em leitura, leitura real, leitura sapiencial e leitura eclesial.[15]

---

[13] *Vita pastorale*, p. 64, 3/3/1998.

[14] BONHOEFFER, *La vita...*, cit., pp. 125-131.

[15] Um monaco della Chiesa d'Occidente. La lectio divina nella Chiesa. In: Vv.Aa., *La lectio divina nella vita religiosa*. Magnano (VC), 1994. pp. 9-29.

1. Leitura

"Aplica-te à leitura" (1Tm 4,13), diz a seu discípulo o autor da assim chamada primeira carta a Timóteo.

Ainda sabemos ler?

> Para saber ler, é preciso primeiro inteirar-se do sentido do que é um *texto*: um monumento vivo, uma mensagem, um testemunho que merece respeito infinito. Um autor verdadeiro colocou naquelas páginas, daquele texto, a parte melhor do seu pensamento, a substância da sua vida [...].[16]

Concretamente, exige-se:

a) A *calma*, que ordena a renegação daquele ídolo moderno denominado pressa: "O amor não se harmoniza com a pressa" (Oscar Vladislas Milosz).

Nos Padres do deserto, há um episódio que tem algo a nos dizer:

> O monge Pambo, que ainda não sabia ler, tinha ido em busca de alguém que lhe ensinasse um salmo. Entretanto, ouvido o primeiro versículo

---
[16] Idem, Ibidem, p. 23.

do salmo 39 (38): "Eu disse: 'Vou guardar meu caminho, para não pecar com a língua'", recusou-se a ouvir o segundo. Foi-se embora dizendo: "Este versículo me basta, se eu tiver a força de aprender a vivê-lo". Passaram-se seis meses antes que o mestre pudesse rever Pambo. Ao ouvir sua repreensão, Pambo respondeu: "Ainda não aprendi a pôr em prática o primeiro versículo". Decorridos muitos anos, um amigo seu lhe perguntou se aprendera finalmente aquele versículo. Pambo respondeu: "Em dezenove anos, já é muito ter aprendido a pô-lo em prática".[17]

Mauro Morfino comenta:

Em sua sobriedade e incisividade, o episódio resume o sentir dos Padres do deserto acerca da leitura da Palavra de Deus. Não se trata, evidentemente, de acumular textos com o seu respectivo significado a ser ostentado como se fora um colar. Basta *uma* palavra da Bíblia para tornar a edificar uma existência: existe nela uma altíssima concentração de potência salvífica, refletindo em si, por assim dizer, a potência salvífica contida em qualquer outra palavra disseminada por Deus no texto sagrado.[18]

---
[17] Apud MORFINO, *Leggere la Bibbia...*, cit., p. 17.
[18] Idem, ibidem, cit., p. 17.

Lê-se, na *Vita greca* [Vida grega], de Pacômio, que ele se aplicava com todas as forças ao estudo da Escritura: "[...] obedecendo a cada texto com humildade, doçura, verdade". Mauro Morfino observa ainda:

> Na Palavra, Pacômio procura aquilo a que deve obedecer, livre e de modo responsável. Contanto que se obedeça. Não se especula simplesmente por especular, mas para saber o que Deus quer dizer, e o que ele diz se torna, para o monge, direção de caminhada, indicação sobre como apressar o Reino que vem e que pressiona.[19]

Mas ai daqueles monges que têm tendência a envaidecer-se pelo fato de conhecerem o significado de alguma palavra difícil da Bíblia! Na máxima XIII de Abba Isaías, lê-se:

> Querer perscrutar indiscretamente a Escritura gera ódio e discórdia, ao passo que chorar sobre os próprios pecados traz a paz; com efeito, comete pecado o monge que fica em sua cela, perscruta a Escritura e descura os próprios pecados. Aquele que guarda as palavras de Deus conhece Deus e põe suas palavras em prática como um devedor.

---

[19] Idem, ibidem, p. 99.

Aquele que se apóia sobre a própria ciência e permanece na própria idéia tem como proveito o ódio e não pode permanecer imune ao espírito que traz tristeza ao coração. Quem quer que seja que tome conhecimento das palavras da Escritura e as cumpre segundo sua própria ciência, e sobre elas se apóia para dizer: "É assim", essa pessoa ignora a glória de Deus e sua riqueza; ao passo que aquele que observa e diz: "Eu não sei, sou um homem", esse rende glória a Deus; a riqueza de Deus habita nele com sua força e com sua inteligência.[20]

b) O *silêncio* exterior e interior, concedendo-se o tempo necessário para consegui-lo e para poder dar início a uma leitura proveitosa: "Somente aquele que permanece no silêncio percebe as batidas do coração de Deus".[21]

c) A *atenção*, a qual, para ser alcançada, requer:

- concentração: às vezes pode ser útil ler em voz alta;
- fazer reviver o texto: as palavras-chave, o ritmo, o estilo, a pausa do texto, o contex-

---

[20] Apud idem, ibidem, p. 99.
[21] OLIVERA, B. Lettre sur la lectio divina, In: *La Vie Spirituelle, 150*, n. 720, p. 363, 1996.

to, os textos paralelos, a mensagem central. Diz o abade-geral dos monges trapistas:

> Ler é uma forma de escuta, que permite retornar sempre àquilo que se ouviu. Ouvir é: ser e deixar ser. Sem escuta não se efetua qualquer relação interpessoal [...]. Se tu lês por ler, e não por haver lido, então a tua leitura é pacífica, repousada e desinteressada [...]. O tolo cede à tentação de dizer: eu já conheço este texto! O sábio está ciente de que uma coisa é saber a fórmula química da água, e outra coisa é degustar esta água de uma fonte, ao meio-dia, numa jornada de verão.[22]

> Com efeito, hoje não é a palavra que falta, mas o que carece é a escuta [...]. Escutar [...] revela que eu não estou presente na origem da minha existência, mas sim que sou doado a mim mesmo pela graça de um Outro [...]. Desse modo, a escuta, ainda que fosse a mais simples e a mais familiar, implica um trabalho interior de desembaraço e de disponibilidade. Isso supõe ainda que se aceite ser mudado pelo outro [...].[23]

d) A atenção é o outro nome da *capacidade de escutar*: "Dá, pois, a teu servo um coração cheio

---

[22] Idem, nos nn. 41, 42, 44.
[23] Editorial. *Christus*, *44*, n. 170, pp. 390-391, 1997.

de prudência [...] para discernir entre o bem e o mal" (1Rs 3,9): o coração é a sede da sabedoria, do discernimento, mas também da força e da ternura. É o que o rei Salomão pediu a Deus. E Deus lhe respondeu: "Porque foi este o teu pedido, [...] vou fazer como pediste: dou-te um coração sábio e inteligente" (1Rs 3,11-12).

Para Deus, toda a sabedoria e inteligência consiste no saber escutar. Por essa razão, ele não cessa de multiplicar seus apelos à escuta (cf. Dt 6,4ss; Jr 7,23 e outros). Jesus também convidou repetidas vezes à escuta: "Felizes os que ouvem a Palavra de Deus e a observam" (Lc 11,28); "Cuidai do modo como ouvis!" (Lc 8,18); o Senhor, sabedoria incriada, quando toma posse de uma pessoa, "não clamará, não levantará a voz" (Is 42,2).

Um coração que escuta: é importante não somente em nossas relações com Deus, mas também nas relações humanas (os problemas esperam de nós um coração que escute); escutar contém em si receptividade, docilidade: tais são os sinais mais autênticos da humildade, a qual abre em nós aquele espaço, que nos permite ser receptivos. Maria é a mulher da escuta,[24] Maria é o tipo da escuta.

---

[24] Cf. Soeur Jeanne D'Arc. *Un coeur qui écoute*. Parigi, 1993. pp. 9-25.

e) Escutar = *memorizar*. Para exercitar-se na escuta, é preciso disciplina, constância e também o recurso a alguns meios simples, tais como, por exemplo, a memorização dos textos bíblicos.

Pacômio estabelece como mínimo que os monges saibam de memória o Novo Testamento e o Saltério (*Regula*, n. 140). A memorização bíblica constituía "um elemento basilar da oração, da vida e da doutrina dos Padres do deserto".[25]

João Crisóstomo afirma repetidas vezes:

> Precisamente porque expostos todos os dias a sofrer feridas na alma por causa de seus empenhos mundanos, os leigos se encontram ainda mais necessitados do que os monges do remédio cotidiano das Escrituras. E não devem pensar que seja uma desculpa válida para eles o fato de não serem monges, de terem mulher e filhos, e casas para administrar. [...] É da ignorância das Escrituras que nasce todo gênero de males.[26]

Para concluir, fazendo uso das palavras de Bonhoeffer, diremos que

---

[25] Mortari, L. *Vita e detti dei Padri del deserto*, I. Roma, 1975. p. 12.

[26] Cf. apud Neri, U. *Leggere la Bibbia:* perché e come. Bologna, 1995. p. 35. Cf. também pp. 31-36.

toda a diferença entre uma leitura correta da Escritura e uma leitura errada dependerá do fato de que eu não me coloco no lugar de Deus, mas simplesmente o sirvo; de outra maneira, eu me tornarei retórico, patético, agitado ou insistente, isto é, atrairei a atenção dos ouvintes sobre mim, em vez de fazê-lo sobre a Palavra de Deus. No entanto, esse é o pecado de quem lê a Sagrada Escritura.[27]

2. Leitura real

Uma leitura da Sagrada Escritura é real quando:

- não se deixa seduzir pelas palavras e pelas belas frases, mesmo sendo elas importantes...

- não se detém na informação,

- mas chega à *realidade* consciente de que a Bíblia não é só destinada a informar-nos sobre Deus, mas também a transformar-nos segundo a forma de Cristo.[28]

Trata-se de alcançar uma verdadeira presença de Deus e um verdadeiro conhecimento de sua obra

---

[27] Bonhoeffer, *La vita....*, cit., pp. 92-93.
[28] Olivera, *Lettre sur...*, cit., n. 63.

e de nós mesmos. É mau sinal quando a *Lectio divina* equivale a um tempo de fantasias, mesmo que sejam piedosas. Ela deve, ao contrário... proporcionar a certeza de nos haver aproximado da verdade de Deus e da verdade da vida dos homens [...].[29]

A leitura real deve nos *purificar* (Jo 15,3 e 17,17), de tal modo que aceitemos os *julgamentos de Deus sobre nós* (Hb 4,12-13). Isso implica freqüentemente verdadeiras reviravoltas de perspectiva e de vida.[30]

Atenção aos diletantismos, aos quais alguns estudiosos também se dedicam. A este respeito, podem ser elucidativos dois episódios extraídos da vida dos Padres do deserto:

> Uma virgem apresentou-se a um ancião, dizendo: "Faz duzentas semanas que, em cada sete dias, jejuo seis, e aprendi de cor o Antigo e o Novo Testamento. O que devo fazer ainda?". O ancião respondeu: "Já acolheste alguma vez

---

[29] Um monaco della Chiesa d'Occidente..., cit., p. 24.

[30] Cf. o já citado Armido Rizzi, quanto à necessidade de "restaurar a espiritualidade": a ascese do homem a Deus (perspectiva de certa tradição espiritual) inverte-se na descida de Deus ao homem (perspectiva bíblica); o amor humano (*eros*) é precedido pelo amor divino (*ágape*). (Rizzi, *Dio in cerca*..., cit., pp. 40-51).

o desprezo como uma honra e és capaz de dar preferência à perda, antes que ao lucro?" A virgem confessou sinceramente: "Não, padre". Ele continuou: "És capaz de preferir os estranhos aos teus parentes, e a pobreza ao domínio?" "Não sou capaz disso", confessou a virgem. "Pois bem", concluiu o ancião, "tu nem jejuaste seis dias (na semana) nem aprendeste de cor o Antigo e o Novo Testamento: tão-somente enganaste a tua alma".[31]

Certo dia alguns irmãos vieram a Sete, à procura de um ancião. Um deles disse-lhe:

"Padre, aprendi de cor o Antigo e o Novo Testamento". O ancião respondeu-lhe: "Tu encheste o ar com palavras". O segundo ajuntou: "Eu, padre, recopiei à mão o Antigo e o Novo Testamento". E o ancião, voltando-se para ele: "Tu, irmão, inundaste de papel as tuas janelas".[32]

É preciso saber reconduzir sempre tudo a Cristo, em quem "se acham escondidos todos os tesouros da sabedoria e do conhecimento" (Cl 2,3). O rabino Akiva ensinava que todas as Escrituras

---

[31] Apud MORFINO, *Leggere la Bibbia*..., cit., p. 100.
[32] Idem, ibidem, p. 101.

são santas, mas que o Cântico dos Cânticos é o "santo dos santos", porque nele se manifesta o sentido profundo de todas as Escrituras, a saber, seu núcleo esponsal. Isso vale tanto mais depois da vinda de Cristo (cf. Ap 22).[33]

3. Leitura sapiencial

A sabedoria, no Antigo Testamento, é discernimento, arte de ser feliz na vida, conhecimento daquilo que agrada a Deus, observância da Lei. No Novo Testamento, a fonte da verdadeira sabedoria é Cristo (cf. 1Cor 1,23ss., que identifica Cristo com a sabedoria de Deus).

A leitura sapiente das Escrituras significará, então, adquirir pouco a pouco os pensamentos de Cristo, os olhos de Cristo, o olhar de Cristo para contrastar a mundanidade da Igreja e de todos nós!

Nas Escrituras, lemos as maravilhas realizadas por Deus para nossa salvação. Leiamos a *historia salutis*. É preciso descobrir algumas constantes do modo de agir de Deus em relação aos

---

[33] O símbolo nupcial sofreu, por vezes, mudança de significado em determinadas leituras místico-cristãs, conforme documenta o já citado A. Rizzi, pp. 32ss.

homens, individuar as leis da história vista com os olhos de Deus. Com efeito, o agir de Deus não é caótico nem casual, porém sapiente no perseguir suas finalidades. Leia-se o que escreveu Cipriano Vagaggini na tentativa de individuar as constantes da *historia salutis*, cuja primeira lei onicompreensiva é *Deus charitas est* [Deus é amor], segundo a expressão audaz da Primeira Carta de João.

Além dessa lei fundamental, Vagaggini lembra ainda a trinitário-cristológica, a da iniciativa soberana de Deus (eleição-aliança), a lei do respeito das naturezas, a salvação em comunidade, a lei da encarnação e a da sacramentalidade, a lei da pedagogia progressiva, que considera o homem "ser educável", a lei da *imitatio Christi* [imitação de Cristo], e especialmente a lei da cruz (e do deserto) como caminho para chegar à ressurreição; e, finalmente, a lei da unitotalidade cósmica do Reino de Deus. Lendo a Bíblia como *historia salutis* [história da salvação] e considerando suas leis, é de se esperar que se possa reencontrar a unidade entre Escritura, liturgia, catequese, teologia, vida espiritual, anúncio.[34]

---

[34] Cf. Vagaggini, C. Storia della salvezza. In: *Nuovo Dizionario di Teologia*. Roma, 1982^c, pp. 1569-1571.

Dietrich Bonhoeffer perguntava a si mesmo:

Com que freqüência, em se tratando de motivar decisões extremamente importantes, ouvimos aduzir inumeráveis argumentos extraídos "da vida" ou "da experiência", enquanto se ignora a prova escritural que talvez — precisamente ela — pudesse orientar a decisão em uma direção diametralmente oposta? Evidentemente, não admira que quem não lê a Escritura, quem não a conhece nem a investiga seriamente, tentará desacreditar a prova espiritual. Em segundo lugar, é preciso formular esta outra pergunta: como poderemos ajudar deveras um irmão cristão em seu sofrimento e em sua tentação, senão com a própria Palavra de Deus? Todas as nossas palavras se mostram rapidamente falidas [...].[35]

Na Bíblia encontra-se escrita, em filigrana, nossa história verdadeira, nossa verdade, nossa identidade profunda. Quando lemos as Escrituras, aprendemos a nos conhecer, não, com certeza, olhando-nos no espelho de maneira narcisística, mas imergindo na sabedoria de Cristo, a grande luz "que ilumina todo homem" (Jo 1,9). *In lumine tuo videbimus lumen* [Na tua luz vemos a luz].

---

[35] BONHOEFFER, *La vita....*, cit., p. 91.

É freqüentando as Escrituras que vem à tona a verdade do homem. É dessa freqüência que aprendemos a "fazer a verdade" e a não dizer ao próximo palavras vãs, bem cientes de que deveremos prestar contas a Deus "de toda palavra vã".

Não é preciso procurar na Bíblia aquilo que ela não tem a nos dizer: com freqüência, o texto bíblico literal não oferece soluções imediatas para as situações concretas de vida. Oferece um espírito, um clima, mas não a solução de problemas — o que devemos procurar fazendo-nos ajudar pela sabedoria humana e pela competência de outras pessoas.

Não é preciso buscar em outro lugar, para a nossa vida espiritual, aquilo que somente a Bíblia pode nos dar. Determinada leitura devocional procura sempre se substituir à Bíblia. É preciso manter-se alerta contra essa cilada.

Ler com sabedoria significa experimentar, contemplar, saborear as palavras às vezes amargas, mas no fim mais doces que o mel (cf. Sl 119,103). Para degustar as Escrituras, é preciso possuir o *gosto de Deus*, ou ao menos estar à procura dele, ser movido pelo desejo de Deus. Melhor ainda: amá-lo. "Se alguém deseja adquirir o conhecimento das coisas que lê, ame; de outro modo, aquele que não ama se aproxima em vão para ouvir ou ler os versos de amor, porque um coração de gelo não pode compreender palavras de brasa" (são Bernardo, *Sermoni sul Cantico dei cantici*, 79).

É preciso banir a pressa e conceder lugar àquelas etapas que se tornaram célebres pela *scala claustralium* de Guigo II Certosino, um autor do século XII, o qual afirma que se parte da *lectio*, continua-se na *meditatio*, a qual se traduz em *oratio* e, no final, amplia-se na *contemplatio*. A *lectio* procura, a *meditatio* encontra, a *oratio* pede, a *contemplatio* degusta. Guigo compara esses quatro momentos à vindima (*lectio*), à pisa da uva (*meditatio*), ao agradecimento a Deus pelo que foi colhido (*oratio*) e à degustação do vinho novo (*contemplatio*).[36]

4. Leitura eclesial

Pode-se fazer uma leitura das Escrituras mais diretamente pessoal e uma leitura mais diretamente eclesial. Entretanto, mesmo a leitura pessoal não deve constituir jamais um fato privativo. As Escrituras, qualquer que seja o tipo de leitura que de-

---

[36] Cf. FALCHINI, C. Guigo II Certosino († 1188), In: Vv.AA., *La lectio divina*..., cit., pp. 305-322.

las se faz, devem sempre ser lidas *in ecclesia*. Georgij Florovskij escreve:

> A Bíblia, como livro, foi composta na comunidade e foi entendida, antes de mais nada, como sendo para a edificação desta última. O livro e a Igreja não podem ser separados. O livro e a aliança estão ligados um ao outro, e a aliança implica um povo. É ao povo da aliança que a Palavra de Deus foi confiada sob a antiga economia (cf. Rm 3,2), e é a Igreja da Palavra que se fez carne, que guarda a mensagem do reino. A Bíblia é verdadeiramente a Palavra de Deus, mas o livro é posto junto ao testemunho da Igreja.[37]

Fazem eco a essas palavras as que estão contidas no documento da Pontifícia Comissão Bíblica, já citado:

> A Bíblia veio à luz em comunidades de fiéis. Ela exprime a fé de Israel e aquela das comunidades cristãs primitivas [...]. Ela é o meio privilegiado do qual Deus se serve para guiar, ainda hoje, a construção e o crescimento da Igreja enquanto Povo de Deus (p. 127).

Aconselha-se também que se leiam as interessantes observações feitas por Bonhoeffer sobre

---

[37] FLOROVSKIJ, *Cristo...*, cit., p. 34. Cf. também pp. 45-46.

a relação entre leitura meditada da Bíblia e sua leitura no culto.[38]

Uma vez que as Escrituras devem ser lidas *in ecclesia*, é preciso deixar-se guiar pela corrente da grande Tradição, que era concebida sobretudo como tradição interpretativa das Escrituras.[39] No interior da corrente da grande Tradição, o primeiro lugar é ocupado pela liturgia, a qual põe diante de nós duas mesas: a da Palavra e a do Pão (cf. *Dei Verbum*, n. 21).

É aconselhável ler todos os dias os textos oferecidos pela liturgia eucarística e aprender a comentar a Bíblia com a Bíblia, servindo-se de edições que fazem referência aos textos paralelos (cf. *A Bíblia de Jerusalém*, São Paulo, Paulus, 1985). "A interpretação da Escritura pela Escritura", escreve o já mencionado documento da Pontifícia Comissão Bíblica, "é o método mais seguro e o mais fecundo" (p. 142).

A grande Tradição, e nela a liturgia, ensinam-nos a ler as Escrituras em seu conjunto e nos orientam para reconhecer que sua verdade pro-

---

[38] Cf. BONHOEFFER, *La vita...*, cit., pp. 125-130.
[39] Cf. DE LUBAC, H. *Esegesi medioevale*. Roma, 1962; e CONGAR, Y. *La tradizione e le tradizioni*. Roma, 1964-1965. 2 v.

funda não é uma idéia, mas sim a Palavra que se fez carne.

São sempre apropositadas as observações de Bonhoeffer:

> A Escritura não é um conjunto de versículos considerados separadamente, e, sim, algo inteiro e completo, cujo valor está precisamente em seu conjunto. A Escritura, em seu todo, é Revelação. Somente na infinidade de suas relações interiores, no contexto do Antigo e do Novo Testamento, de promessa e de cumprimento, de sacrifício e de lei, de lei e de Evangelho, de cruz e de ressurreição, de fé e de obediência, de possuir e de esperar, pode-se perceber o testemunho de Jesus Cristo, o Senhor, em sua plenitude.[40]

A leitura eclesial, e principalmente litúrgica, das Escrituras nos permite entrar naquela história da salvação por elas relatada. Não posso deixar de fazer referência, uma vez mais, ao que escreveu o luterano Bonhoeffer a esse respeito:

> Justamente quando lidos durante o culto, os livros históricos da Bíblia assumem para nós um significado novo. Fazemos parte daquilo que acon-

---

[40] BONHOEFFER, *La vita...*, cit., p. 86. Cf. também p. 88.

teceu outrora para a nossa salvação; também nós atravessamos o mar Vermelho, esquecendo-nos e perdendo-nos, assim como o deserto e o Jordão, para chegar à Terra Prometida; com Israel, também nos deixamos invadir pela dúvida e pela incredulidade, e na punição e penitência, novamente experimentamos a ajuda e a fidelidade de Deus. [...] Fomos arrebatados de nossa própria vida e postos com Israel na sagrada história de Deus na terra. [...] Não é importante que Deus seja o espectador de nossa vida atual, mas que nós, ouvintes, sejamos participantes da ação de Deus na história sagrada, na história de Cristo na terra. [...] Nossa salvação está "do lado de fora de nós mesmos" (*extra nos*), e não a encontramos na história de nossa vida, mas tão-somente na história de Jesus Cristo. [...] Nossa vida, nossas preocupações, nossa culpa e nossa salvação lá se encontram, na Sagrada Escritura. Dado que agradou a Deus agir através dela, por nós, somente nela podemos encontrar nossa ajuda. Somente na Sagrada Escritura aprendemos a conhecer nossa própria história.[41]

Com a leitura das Escrituras *in ecclesia*, entramos em seu dinamismo, o qual atua de tal maneira que a resposta da pessoa seja integrada no mistério da Palavra de Deus.

---
[41] Idem, ibidem, pp. 89-90.

Com efeito, na Bíblia não ouvimos apenas a voz de Deus, mas também a do ser humano, que lhe responde com palavras de louvor, de agradecimento, de súplica, de amor e de temor, e assim por diante.[42]

A Igreja, no decurso dos séculos, principalmente quando surgiram algumas heresias, foi obrigada a definir sua fé proclamando dogmas. Todavia, é de grandíssima importância o fato de que "a Igreja não tenha jamais pensado em seu sistema de dogmas como sendo algo que pudesse substituir as Escrituras".[43]

Isso significa que a Revelação de Deus não deve ser desvinculada de seu aspecto histórico e que é preciso ficar de sobreaviso contra o que Florovskij denomina "a perene tentação dos místicos", assim descrita:

> Em tal perspectiva, a Bíblia é vista como um livro de parábolas sagradas, escritas em uma linguagem simbólica peculiar, e a tarefa da exegese seria decifrar seu significado oculto, decifrar a Palavra eterna, proferida nas diversas épocas e de

---

[42] Cf. FLOROVSKIJ, *Cristo...*, cit., pp. 38-39.
[43] Idem, ibidem, p. 49.

vários modos, sob diferentes véus. Nesse caso, a verdade e a perspectiva histórica são irrelevantes. A concretude histórica não é nada mais que a moldura de um quadro, uma imagem poética. Estamos em busca de significados *eternos*. A Bíblia toda seria assim reconstruída em um livro de exemplos edificantes, de símbolos gloriosos, que reportam à verdade extratemporal.[44]

---

[44] Idem, ibidem, p. 49-50.

Conclusão

Para finalizar, algumas indicações práticas.

Vocês, educadores, animadores de pastorais juvenis, acompanhantes espirituais, sacerdotes,... abram os tesouros das Escrituras aos jovens, ajudem-nos a familiarizar-se com a Palavra bíblica, para que ela se torne aos poucos o seu alimento cotidiano!

Para tal finalidade, considero úteis, entre outras, *A Bíblia de Jerusalém* (principalmente para as remissões e para as notas temáticas), São Paulo, Paulus, 1985; a *Tradução Ecumênica da Bíblia* – TEB (para os breves e precisos comentários a respeito de cada versículo) São Paulo, Paulinas, Loyola, 1995); a *Bíblia Sagrada* – Tradução da CNBB, São Paulo, 2001. Como subsídio, aconselho o *Dicionário Bíblico* de Mckenzie, J. L. (org). São Paulo, Paulus, 1984.

É preciso aprender a buscar na Bíblia, além do alimento cotidiano, seguindo as leituras propostas para a seqüência do ano litúrgico (é útil o uso do Calendário litúrgico), as palavras adequadas para viver bem o que se está vivendo: desolação, consolação, opções de vida, decisões importantes e outras situações.

É oportuno libertar-se de tudo quanto impede que a semente da Palavra germine ou produza frutos no próprio coração, lendo atentamente a parábola do semeador, narrada em Lc 8,11-15.

A Bíblia, mesmo sendo Palavra de Deus em forma humana, não deve ser tratada como um amuleto. Ela não é fim em si mesma: é um instrumento que deve servir para fazer com que nos encontremos com o Deus vivente, com sua Palavra de graça que nos interpela, aqui-e-agora. Um teólogo contemporâneo da Igreja ortodoxa diz muito bem:

> A Bíblia não tem respostas de caráter geral a serem aplicadas a todas as situações da vida eclesial neste mundo. Não se pode discernir a vontade de Deus de forma cabal e aplicá-la, de acordo com um versículo bíblico, do mesmo modo em qualquer situação da Igreja diante do mundo. A Bíblia manifesta a liberdade do Espírito na Igreja, reflete seu núcleo mais íntimo e guarda a unidade da Igreja por meio de seu texto doador de vida, expressão da ação divina, somente se for lida e interpretada como o eco da Palavra de Deus em Cristo na sua Igreja. [...] A Bíblia cristaliza-se, na vida da Igreja, na forma limitada da "letra", que é

continuamente vivificada pela comunhão dos fiéis, os quais interpretam e reinterpretam seu texto como Palavra de Deus dada a toda a Igreja local, em situações concretas.[45]

A invenção da imprensa contribuiu para que o livro das Escrituras, transformando-se em propriedade individual, se tornasse também objeto de leitura particular, perdendo assim seus vínculos com a comunidade viva. O princípio protestante da *sola Scriptura* também favoreceu essa tendência, que encontra certo eco na exegese moderna. Contra tal tendência, reagem duramente, em nome da própria hermenêutica, dois conhecidos estudiosos contemporâneos, Ricoeur e La Cocque, os quais afirmam:

> O texto, cortado em suas ligações com uma comunidade vivente, fica, desse modo, reduzido a um cadáver abandonado à autópsia. Não obstante seus imensos méritos, a exegese moderna encontra-se viciada, em grande parte, por essa concepção de um texto fixo, restrito para sempre a sua letra transmitida. [...] É como se alguém pronunciasse o elogio fúnebre de um vivente. O elogio pode ser até fiel e apropriado, mas isso

---

[45] Nissiotis, N. *Interpretare l'ortodossia*. Magnano (VC), 1996. pp. 22-23.

não impede que seja inexpertamente "prematuro", como teria dito Mark Twain.[46]

A verdade é que o texto, uma vez escrito, adquire autonomia própria. Trata-se, no entanto, de uma autonomia relativa ao autor do texto, e não ao contrário, ao seu auditório. Os autores e os leitores encontram-se de algum modo englobados no texto, dele fazem parte, a partir do momento que, como escrevem ainda os dois autores citados, "o texto existe, em última análise, graças à comunidade, para o uso da comunidade e para dar forma à comunidade.[47]

O texto é como a língua hebraica, que originariamente era escrita somente com as consoantes, antes que os massoretas, nos primeiros séculos depois de Cristo, fixassem nela também as vogais. Os leitores-ouvintes de hoje são chamados, por assim dizer, a vocalizar o texto consonântico mediante o seu ato de leitura e de escuta.[48]

> Ora tudo o que se escreveu no passado, é para nosso ensinamento que foi escrito, a fim de que, pela perseverança e pela consolação que nos proporcionam as Escrituras, tenhamos a esperança (cf. Rm 15,4).

---

[46] Ricoeur, P. & La Cocque, A. Penser la Bible. Parigi, 1998. pp. 10-11.
[47] Cf. idem, ibidem, p. 12
[48] Cf. idem, ibidem, p. 13

Sumário

APRESENTAÇÃO 5
POR UMA TEOLOGIA DA PALAVRA DE DEUS 7

    Não se nasce com fé, mas adquire-se 7
    Três formas de existência da Palavra 8
    Fé, Palavra, alteridade 12
    A Palavra se torna livro 16

O TEXTO BÍBLICO: UM TESOURO A SER
DESCOBERTO 21

    Como se aproximar do texto bíblico 21
    Todo texto é um texto a ser interpretado 31

CONSELHOS PRÁTICOS PARA A LEITURA/
MEDITAÇÃO DAS ESCRITURAS 35

1. Leitura 37
2. Leitura real 44
3. Leitura sapiencial 47
4. Leitura eclesial 51

CONCLUSÃO 59

Cadastre-se no site

www.paulinas.org.br

Para receber informações
sobre nossas novidades
na sua área de interesse:

- Adolescentes e Jovens • Bíblia • Biografias • Catequese
- Ciências da religião • Comunicação • Espiritualidade
- Educação • Ética • Família • História da Igreja e Liturgia
- Mariologia • Mensagens • Psicologia
- Recursos Pedagógicos • Sociologia e Teologia.

Telemarketing 0800 7010081

Impresso na gráfica da
Pia Sociedade Filhas de São Paulo
Via Raposo Tavares, km 19,145
05577-300 - São Paulo, SP - Brasil - 2002